Con el objetivo de contribuir a la gestión y realización de acciones de formación de ciudadanía en materia político-electoral, para difundir la tarea institucional y promover la responsabilidad y participación ciudadana, con la finalidad de fortalecer la cultura política democrática, se presenta este ensayo denominado: "mecanismos de participación ciudadana" existentes en el sistema jurídico mexicano.

Nathaly Mendoza Zamudio

Mecanismos de Participación Ciudadana

Objetivo general:

Explicar los diversos mecanismos de participación ciudadana en el ámbito político y electoral, previstos en el sistema jurídico mexicano; y fomentar su ejercicio a través de la reflexión de la importancia de los mismos.

Presentación:

La campaña institucional 2014-2015 continuó vinculada y fundamentada en la Estrategia Nacional de Educación Cívica y en las políticas, programas y proyectos estratégicos del INE, con el objetivo de fomentar que la ciudadanía fuese más consciente y participativa en los asuntos de carácter electoral. *Se desarrolló con ideas creativas enmarcadas en un contexto familiar y cotidiano enfocado a lograr que la población se identificara y se viera reflejada, de ahí el empleo del lema "Contigo, México, es más. Súmate."* (INE, Estrategia de difusión 2016, p. 6)

Con esta Estrategia, el INE pretende promover el desarrollo de la ciudadanía política para que ésta contribuya a expandir los otros dos tipos de ciudadanía: la civil y la social. Para ello, con una perspectiva de igualdad y no discriminación, *se busca no sólo impulsar la participación política electoral y el acceso a los cargos públicos por medio del sufragio, sino promover entre la población una visión amplia de participación política.* (Ibíd; p. 19)

La anterior afirmación, conlleva a concebir a la ciudadanía como el pilar para el impulso social de una cultura político democrática consolidada, así, puede entenderse ciudadanía como: *un grupo de individuos racionales, libres e iguales ante la ley, que conforman el sujeto por excelencia de la cosa pública y de la legitimación del poder–, puesto que la fuente primera y última del poder es la voluntad del pueblo, es decir, de la ciudadanía.* (Peschard, cultura política democrática. p. 26)

En tal sentido, se ha desarrollado el presente ensayo, que ofrece un espacio para el análisis y reflexión de los diversos mecanismos de participación ciudadana, con un énfasis especial a aquellos que se encuentran dentro del ámbito electoral, cuya actuación y conocimiento corresponden al Instituto Nacional Electoral; se busca estimular la participación de la gente, en el sentido de *hacerla coincidir sus intereses individuales con un ambiente propicio a la participación pública.* (Cuadernillo 19, Participación ciudadana p. 21).

Introducción.

En la Constitución Política de los Estados Unidos Mexicanos se reconocen los derechos y garantías básicas de las y los ciudadanos y a la democracia como nuestra forma de gobierno; además, recoge los principios y derechos ciudadanos definidos en los tratados internacionales, particularmente los de naturaleza política, los cuales están plasmados tanto en la parte dogmática como en la orgánica de la Constitución en los artículos 1, 2, 3, 4, 35, 36, 40, 41 y 115.

En el artículo 41, además de establecer que el pueblo ejerce su soberanía mediante los Poderes de la Unión, en su fracción III, apartado A, se define que el Instituto Nacional Electoral, de acuerdo con sus propios fines, entre los que se encuentran la difusión y promoción de los derechos políticos y valores democráticos, es la autoridad única para administrar el tiempo en radio y televisión que corresponde al Estado mexicano. (INE; Estrategia de difusión 2016; p. 7).

De aquí, para cumplimentar el fin de difusión y promoción de derechos políticos y valores democráticos, entre éstos, los diversos medios de participación ciudadana, resulta importante conocer la situación actual de la ciudadanía en México, cuyos resultados se plasman en el *Informe país sobre la calidad de la ciudadanía en México,* el cual concluyó:

México atraviesa un complejo proceso de construcción de ciudadanía caracterizado por su relación de desconfianza en el prójimo y en la autoridad, especialmente en las instituciones

encargadas de la procuración de justicia; por su desvinculación en redes para acceder a bienes y servicios que vayan más allá de la familia, los vecinos y algunas asociaciones religiosas, y por su desencanto por los resultados que ha tenido la democracia en México.
(Instituto Nacional Electoral, con la colaboración de El Colegio de México, *Informe país sobre la calidad de la ciudadanía en México*, México, INE-El Colegio de México, 2015, p. 19. Documento en línea: http://www.ine.mx/archivos2/s/DECEYEC/Educacion Civica/ Informe_pais_WEB_ok.pdf [consulta: 04-04-2016].

Partiendo de esta base, se plantea abordar la plática propuesta con una metodología deductiva, concibiendo primero concepciones básicas como Estado, Estado de Derecho, Democracia, poder, política, forma de gobierno; para luego, resaltar la importancia de la soberanía popular, ejercida a través de la Democracia y dentro de ésta, a través del voto y de otros mecanismos de participación ciudadana, los cuáles se irán esbozando y resaltando, para lograr comprender la dimensión de las diversas formas de participación tanto en el sistema electoral, como en el sistema político.

Contenido Temático

A) Estado de Derecho y Democracia

1.   Estado y sus componentes.

Para dilucidar el valor de la Democracia, es necesario concebir primero al Estado mismo, el cual, en el contexto abordado, se define como un ente ideológico, que encierra diversos elementos que resultan de la organización de una sociedad identificada. Dentro de estos elementos, se destacan el territorio, la población, la soberanía, y el poder; y para que se configure un estado de derecho, requerirá también de un sistema jurídico[1], que sea legítimo, es decir, que su cimiento se constituye bajo principios y valores reconocidos por la sociedad.

Estos elementos concatenados entre sí, dan vida al sistema estatal. De estos, en lo que aquí interesa cobra especial relevancia el elemento de poder, pues este se traduce en la soberanía del Estado, que le dota de independencia y autonomía con respecto a otros y le legitima, para ejercerlo del poder. Es decir, para configurar el sistema político.

El poder del Estado, en base al artículo 39 Constitucional lo constituye el poder del pueblo o bien la soberanía popular, cuya forma de organización del poder, es decir, la forma de gobierno, se manifiesta a través de las instituciones que concibe el propio artículo 40 Constitucional, que establece que

---

[1] Sistema jurídico: *Hay leyes, instituciones y procedimientos que regulan la convivencia, pero que a fin de cuentas llevan a cada individuo a hacerse responsable de sí mismo y de los demás.* (INE, cuadernillo 19, p.31)

México es una República representativa, democrática, laica y federal.

República (cosa pública), porque el Estado tiene como fin básico el bien común, cuya soberanía reside en el pueblo lo que conlleva que el Estado y su poder es de todos. Representativa, por que dicha soberanía aun cuando resida en el pueblo, se ejercerá por medio de representantes, representación política cuya forma de gobierno será la democracia, es decir, el pueblo se organizará para elegir a través de su voto a dichas representaciones, voto que se traduce en la existencia de un sistema electoral y cuyas representaciones estarán sujetas a la forma de organización territorial (Federación), en que los estados que la conformen gozarán de autonomía y distribuirán ciertas atribuciones a un poder central; de ahí la existencia de diferentes cargos federales y estatales de representación popular.

Estos postulados son desarrollados en el ordenamiento Constitucional, ordenamiento de más alta jerarquía en México, esto implica que el resto de la legislación debe guardar concordancia con lo expresado en la Constitución. La cual *establece los derechos y garantías básicas de las y los ciudadanos mexicanos en su parte dogmática y organiza el ejercicio del poder público en su parte orgánica. En el componente dogmático de la Constitución, por medio de varios artículos se establece el derecho a la participación y a la democracia como el sistema político del país. Asimismo, sus disposiciones en la parte orgánica prescriben que la forma de gobierno en todos sus niveles será democrática.* (INE; Estrategia de Difusión 2016. p. 9).

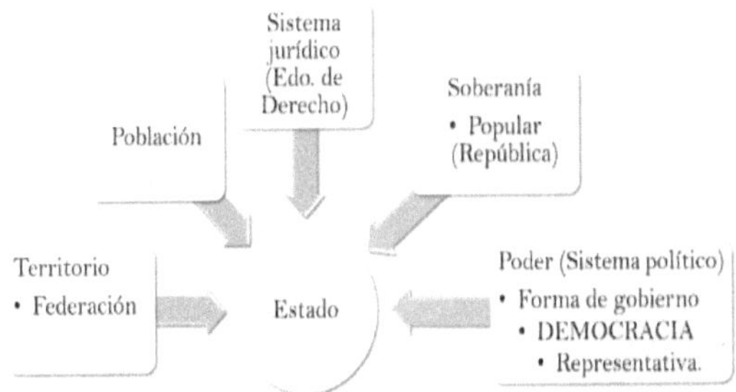

Figura 1. El Estado y sus componentes

## 2.	Democracia.

El nacimiento de la democracia contemporánea, dada *de la primera idea cabalmente democrática que acuñó la humanidad y hasta la fecha sigue siendo la más importante de todas: arrebatarle el mando político, la soberanía, a un pequeño grupo de gobernantes para trasladarlo al conjunto del pueblo. De ahí la importancia de aquellas revoluciones americana y francesa de finales del siglo XVIII: nunca, antes de ellas, se había gestado un movimiento político de igual trascendencia para darle el poder al pueblo.* (INE, Cuadernillo participación ciudadana 19; p. 10)

La experiencia previa de su resurgimiento, con los abusos de los poderes de tipo monárquico y oligárquico del siglo XVIII y surgimiento de las ideas de ilustración y de dichos movimientos revolucionarios, conllevan el cimiento no sólo de la democracia, si no del Estado liberal, que se consolida hacia un Estado de Derecho y un Estado Social.

La democracia como un valor fundamental para el Estado de derecho, como se mencionó, tiene su fuente en el elemento de poder del Estado, constituye la forma en que se accederá y ejercerá el gobierno (sistema electoral y gobernabilidad); por lo que su significado conlleva a dos connotaciones, una en sentido formal y otra en sentido material; las cuáles están previstas en los artículos 41 y 3[2] de la Constitución respectivamente.

En un sentido formal, *la democracia es una forma de organización del poder en la sociedad con el objetivo de ampliar la ciudadanía, evitar o limitar la dominación de individuos o grupos que impidan este objetivo y lograr la perdurabilidad de la organización democrática. Regula las relaciones entre los individuos, las organizaciones y el Estado, de acuerdo con normas emanadas de la voluntad popular y procedimientos democráticos.5 (INE; Estrategia de difusión 2016 , p. 5) Programa de las Naciones Unidas para el Desarrollo-Organización de los Estados Americanos, Nuestra Democracia, PNUD-OEA-Fondo de Cultura Económica, México, 2008, p. 33. Véanse también los artículos 3 y 6 de la Carta Democrática Interamericana. 6 PNUD-OEA, Nuestra Democracia, op. cit., 31-32.*

Si bien la función principal de un régimen democrático es garantizar elecciones competitivas e institucionalizadas, también busca asegurar el pleno desarrollo de un conjunto de derechos y libertades ejercidos por las y los ciudadanos; por lo que se

---

[2] **Artículo 3.** Se establece en la fracción II, inciso a), que la educación pública y obligatoria impartida por el Estado será democrática, considerando a la democracia como un sistema de vida fundado en el constante mejoramiento económico, social y cultural. CPEUM. Democracia sentido material.

retoma la visión de la ciudadanía plena, es decir, ciudadanos activos, con voluntad de participar en la vida política de su país y con la inteligencia para hacerlo correctamente. *Esto significa que la ciudadanía se integra por agentes capaces de participar en asuntos públicos por distintos medios, y encuentran en este tipo de democracia las condiciones para ejercer de manera integral sus derechos ciudadanos.* (INE; Estrategia de difusión 2016; p. 17).

B) Mecanismos de Participación Ciudadana

La democracia en sus dos aspectos, para consolidarse requiere de la participación, no sólo de los ciudadanos, sino también *de las agrupaciones sociales, de la sociedad en su conjunto, para dirimir problemas específicos, para encontrar soluciones comunes o para hacer confluir voluntades dispersas en una sola acción compartida...Participar, en principio, significa "tomar parte": convertirse uno mismo en parte de una organización que reúne a más de una sola persona. Pero también significa "compartir" algo con alguien o, por lo menos, hacer saber a otros alguna noticia...* es siempre un acto social...*Quien cree no participar en absoluto, en realidad está dando un voto de confianza a quienes toman las decisiones: un cheque en blanco para que otros actúen en su nombre.* (INE; Cuadernillo de divulgación 04; Participación ciudadana; p. 3)

No podría entenderse, en consecuencia, sin tomar en cuenta esos dos elementos complementarios: la influencia de la sociedad sobre el individuo, pero sobre todo la voluntad personal de influir en la sociedad...De modo que, a pesar de las buenas credenciales del término, la participación tampoco está a salvo de los defectos humanos: del egoísmo, del cinismo, de la enajenación de los individuos. De aquí el primer dilema que plantea el término: no todos quieren Participar, aunque puedan, y no todos pueden hacerlo, aunque quieran. (Ibíd. p. 4)

Aunque se advierte por (Olvera, participación ciudadana y sus retos, p. 2) que el exceso de participación que conlleve al desplazamiento de la política social a cargo del estado, puede ocasionar la tercerización que conduzca a desresponsabilizar al Estado con la tutela de los derechos sociales; convendría entonces, institucionalizar una red institucional estratégica en que el sector de la sociedad representativo[3] o interesado en la materia de la política social, se vea involucrado en su planeación, gestión y evaluación, pero que la cabecera de dirección la tenga un órgano especializado del Estado.

Este involucramiento social en las políticas sociales, trasladado al terreno electoral, requiere de la participación de la ciudadanía[4], concibiéndola con esa plenitud antes dicha para configurar una verdadera

---

[3] Este rubro se inmiscuye en el concepto de participación otorgado por Insunza, que la define como "...la intervención organizada de ciudadanos individuales o de organizaciones sociales y civiles en los asuntos públicos, que se lleva a cabo en espacios y condiciones definidas, esto es, en interfaces socioestatales" (Isunza, 2006; en Olvera, participación ciudadana y sus retos, p. 3).

[4] La participación ciudadana, en cambio, exige al mismo tiempo la aceptación previa de las reglas del juego democrático y la voluntad libre de los individuos que deciden participar: el Estado de derecho y la libertad de los individuos. (Merino; Cuadernillo 19; Participación ciudadana; p. 17).

Cultura Política Democrática; en este contexto, conviene precisar que se entiende por participación:

La participación. El ciudadano quiere, al igual que el elector, ser antes que nada un sujeto activo de la política, un miembro de la sociedad con capacidad para nombrar a sus representantes y a sus gobernantes; pero también quiere organizarse en defensa de sus derechos, para ser escuchado por el gobierno y, en fin, para influir en los rumbos y direcciones de la vida política en el sentido más amplio. De ahí que una premisa básica de los valores y actitudes democráticas sea la participación voluntaria de los miembros de una población (Peschard; Cultura Política Democrática p. 27).

Se resalta pues, la actividad, la capacidad para elegir, analizar propuestas, criticar, observar; la concepción de que forma parte de una sociedad y busca el beneficio de ésta por encima de cualquier interés individual, y que exige el cumplimiento de sus derechos para definir el rumbo o la dirección de la vida política del Estado mismo. Estas características deben formar parte de la visión de cualquier Estado que busque su consolidación democrática, el esfuerzo de diversos actores políticos por alcanzar el ideal y la flexibilidad de los ciudadanos para transformar su "desencanto" por un "encanto de participación", es decir, canalizar la crítica, la inconformidad, la desconfianza, por los mecanismos legales y democráticos que son el canal directo de las representaciones que definen la buena o mala gobernabilidad.

El concepto de participación antes abordado, es congruente con la concepción de ciudadano de

Merino (*INE, Cuadernillo 19; participación ciudadana; p. 16*) *Ser ciudadano, en efecto, significa en general poseer una serie de derechos y también una serie de obligaciones sociales. Pero ser ciudadano en una sociedad democrática significa, además, haber ganado la prerrogativa de participar en la selección de los gobernantes y de influir en sus decisiones.*[5]

1.   ¿Qué son los MPC?

Materializar la participación ciudadana en la vida política del país, requiere el reconocimiento de ese derecho político (La participación), de la legitimidad de los mecanismos previamente reconocidos en el sistema jurídico y por supuesto de la voluntad de los ciudadanos.

En el caso de México, existen diversos instrumentos de carácter Constitucional, Convencional y Legal que consagran el derecho a la participación política en México, tanto en el ámbito electoral, entendido con el acceso al poder, como en el ámbito político, entendido como en el ejercicio del poder.

---

[5] En tal sentido, no se comparte la definición de Thomas Humphrey Marshall de hace más de 50 años, que concibe a **la ciudadanía** como "… un status que se otorga a los que son miembros de pleno derecho de una comunidad. Todos los que poseen ese status son iguales en lo que se refiere a los derechos y deberes que implica". 9 Thomas Humphrey Marshall, "Ciudadanía y clase social", en *Reis*, núm. 79 (julio-septiembre), Centro de Investigaciones Sociológicas, España, 2009, p. 312; en INE; Estrategia de difusión 2016. p. 18). Toda vez que la ciudadanía debe concebirse en un contexto cultural, directamente ligada a la legitimidad de su participación política.

Dentro de los instrumentos convencionales se encuentran: La Declaración Universal de los Derechos Humanos (DUDH) es, sin duda, el referente internacional más importante en el campo de interés. En ese documento se establece —entre otras cosas— que a cualquier persona, por el sólo hecho de ser reconocida como tal, le es inherente un conjunto de derechos. Así, en lo que hace al ámbito de la política, en el artículo 21 se establece que todo ciudadano tiene derecho a participar en el gobierno de su país por medio de elecciones auténticas y libres...De la misma manera, el Pacto Internacional de Derechos Civiles y Políticos (PIDCyP), por medio de su artículo 25, compromete a cada Estado a garantizar los derechos políticos de la ciudadanía. Así mismo, en la Convención Americana sobre Derechos Humanos (CADH) se delinea un marco jurídico fundado en los principios de la persona humana, por cuyo medio se busca de los Estados adherentes que establezcan un régimen de libertad personal y justicia social para todo el continente americano. En su artículo 23 se dice que las y los ciudadanos así reconocidos deben gozar del derecho a participar en los asuntos públicos directamente o por medio de representantes elegidos libremente. (INE; Estrategia de Difusión 2016; p. 7).

Artículo 21 Declaración Universal de los derechos humanos

1) Toda persona tiene derecho a participar en el gobierno de su país, directamente o por medio de representantes libremente escogidos.
2) Toda persona tiene el derecho de acceso, en condiciones de igualdad, a las funciones públicas de su país.

3) La voluntad del pueblo es la base de la autoridad del poder público; esta voluntad se expresará mediante elecciones auténticas que habrán de celebrarse periódicamente, por sufragio universal e igual y por voto secreto u otro procedimiento equivalente que garantice la libertad del voto.

Artículo 25. Pacto Internacional de los Derechos Civiles y Políticos.

Todos los ciudadanos gozarán, sin ninguna de las distinciones mencionadas en el artículo 2,2 y sin restricciones indebidas, de los siguientes derechos y oportunidades:

    a) Participar en la dirección de los asuntos públicos, directamente o por medio de representantes libremente elegidos.

    [...]

    c) Tener acceso, en condiciones generales de igualdad, a las funciones públicas de su país.3

Artículo 23 Convención Americana de Derechos Humanos

1. Todos los ciudadanos deben gozar de los siguientes derechos y oportunidades:

    a) de participar en la dirección de los asuntos públicos, directamente o por medio de representantes libremente elegidos;

    b) de votar y ser elegidos en elecciones periódicas auténticas, realizadas por sufragio universal e igual y por voto secreto que garantice la libre expresión de la voluntad de los electores,

    c) de tener acceso, en condiciones generales de igualdad, a las funciones públicas de su país.

2. La ley puede reglamentar el ejercicio de los derechos y oportunidades a que se refiere el inciso anterior, exclusivamente por razones de edad, nacionalidad, residencia, idioma, instrucción, capacidad civil o mental, o condena, por juez competente, en proceso penal.

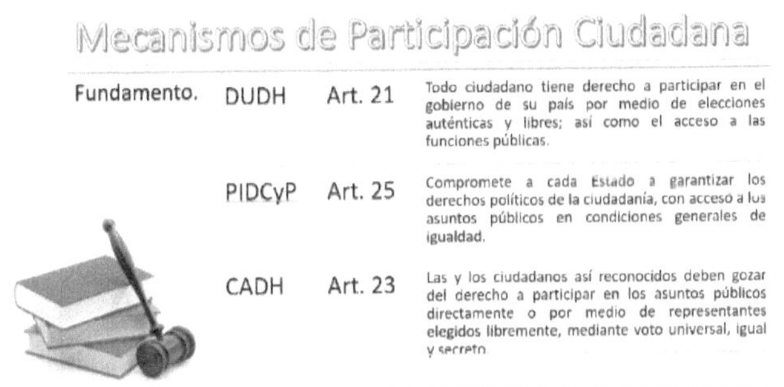

Figura 2. Fundamento internacional de los MPC

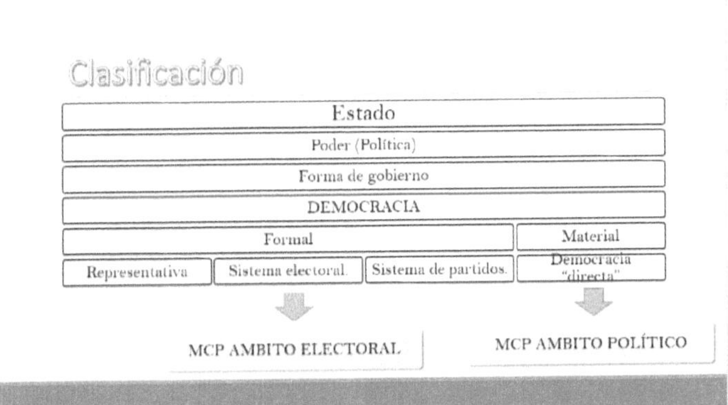

Figura 3. Clasificación propuesta de los MPC

## 2.	Clasificación.

Como quedó establecido en el primer apartado del presente, la vida política de una nación se encuentra concatenada con su sistema político, el sistema político a su vez inmiscuye la coexistencia de un sistema electoral y de un sistema de partidos, que se traduce en el ejercicio del poder (gobernabilidad o política en sentido estricto); en tal consideración tomando en cuenta el papel del Instituto Nacional Electoral en el ámbito electoral y el "desencanto" de la democracia debida al mal gobierno, se clasifican los diversos mecanismos de participación acorde a la incidencia de la ciudadanía en esos dos ámbitos, teniendo un énfasis especial el voto activo y la participación como funcionarios de Mesa Directiva de Casilla.

2.1   Ámbito electoral

La democracia como forma de gobierno, es el canal o medio para que la soberanía popular del Estado, se traduzca en la representación popular, para ello, se requiere que existan diversos mecanismos que sirvan de "transmisión" de ese poder a los representantes electos por el pueblo, para ello requiere que exista un sistema electoral.

El **sistema electoral** es *el conjunto de medios a través de los cuales la voluntad de los ciudadanos se transforma en órganos de gobierno o de representación política* (Zurita, IFE, Cuadernillo 07; Sistemas electorales y de partidos, p. 9). Para ello se requieren de mecanismos que hagan posible la canalización del voto activo, hacia candidatos de partidos o independientes (que ejercen a su vez el voto pasivo), por medios o vías de confiabilidad, que requiere la participación de ciudadanos para el escrutinio y cómputo de dichos votos, así como para la vigilancia del desarrollo de los procesos electorales.

En tal sentido, como MCP en este rubro se menciona al voto en sus dos vertientes, activo y pasivo, la participación como consejero electoral dentro del Instituto Nacional Electoral, la observación electoral y la participación como funcionario de Mesa Directiva de Casilla.

2.2   Ámbito Político.

Entendiendo a la política en un sentido estricto, como la incidencia en el gobierno de la ciudadanía para la implementación, modificación o derogación de leyes, políticas, programas, e incluso de cargos públicos.

En efecto, el desencanto ciudadano de la democracia, viene ligado no al sistema electoral en sí, si no a su resultado, ya cuando se configura el ejercicio de quien en representación del pueblo ostenta el poder; ejercicio que se traduce en el buen o mal gobierno; en donde también se inmiscuye la crítica hacia el sistema de partidos[6]; la cual se reduce a la obtención del

---

[6] La crítica más importante que se ha formulado a los partidos políticos es su tendencia a la exclusión: los partidos políticos, se dice, son finalmente organizaciones diseñadas con el propósito explícito de obtener el poder. Y para cumplir ese propósito, en consecuencia, esas organizaciones están dispuestas a sacrificar los ideales más caros de la participación democrática. La importancia que los partidos le otorgan a sus propios intereses, a su propio deseo de conservar el mando político por encima de los intereses más amplios de los ciudadanos constituye, de hecho, el argumento más fuerte que se ha empleado por los críticos del llamado régimen de partidos (Cuadernillo 19 Participación

poder, con el fin de beneficiar a la propia elite partidista y no a la sociedad en sí (burocracia gubernamental).

Por tanto, una vez que los partidos o candidatos independientes se conviertan en gobierno, es necesario que existan *controles ciudadanos… es preciso que en ese régimen haya otras formas de controlar el ejercicio del poder concedido a los gobernantes.* (Merino, Cuadernillo 19 Participación ciudadana; p. 14). Estos controles son los mecanismos de participación que con su ejercicio pueden definir el rumbo de algún tema trascendente en el gobierno (Consulta popular), la definición de una nueva ley (iniciativa ciudadana), la destitución de algún gobernante (revocación de mandato) o incluso la incidencia en políticas públicas a través de la influencia de asociaciones civiles, Organizaciones No gubernamentales, o mediante exigencias por sectores de ciudadanos previamente identificados; hablamos entonces de una participación política[7].

C) MCP en el ámbito electoral

1.   Voto

En lo que aquí interesa, se asemeja el término voto al de sufragio, aunque este último concepto sea más

ciudadana; p. 13).

[7] DEF: Se refiere a una actitud de orientación 35 instrumentales que abarca "las actividades de los ciudadanos que intentan influir en la estructura de gobierno, en la selección de autoridades o en las políticas gubernamentales Esas actividades pueden ejercerse para apoyar las políticas, autoridades o estructuras existentes, o para buscar un cambio en cualquiera de ellas" (Conway, 1986: 13 en IFE, Tesauro part. 2 p 35)

amplio y no sólo se defina de manera subjetiva (derecho y obligación a ciudadanos, ejercicio libre, universal, secreto y directo) sino también desde una óptima objetiva, como el mecanismo de participación fundamental para la existencia de la Democracia, lo que conlleva a establecer que sin sufragio no puede haber democracia y viceversa. En dicho sentido, de acuerdo con Aragón Reyes (Democracia y Representación. Dimensiones subjetivas y objetiva del derecho de sufragio) cuando el sufragio se sitúa en la esfera de lo político, es atribuible a ciudadanos, es universal, directo, libre, secreto, que se garantice su veracidad, su autonomía, que se acompañe de otras libertades (de expresión, asociación, reunión, manifestación y presentación de candidaturas) y que se le dé el adecuado control jurisdiccional a su ejercicio, entonces estaremos frente a un sufragio democrático.

SUFRAGIO DEF: Es el derecho de cada ciudadano que reúne los requisitos previstos en la ley, a participar como elector y, en su caso, como candidato en las elecciones para determinar a quienes habrán de ocupar los cargos de elección popular. El derecho al sufragio también se considera en otro tipo de votaciones públicas relativas a los mecanismos de la democracia directa (referéndum, plebiscito, revocación de mandato, etc.).(Tesauro part. 2 p. 149)

SUFRAGIO ACTIVO DEF: "Se puede definir el derecho de sufragio activo como el derecho individual de voto de cada uno de los ciudadanos que tienen capacidad para participar en una elección o, más exactamente, en cualquiera de las votaciones públicas que se celebren" (Aragón, 1998: 106). (Tesauro part. 2 p. 150)

Artículo 35. En la primera fracción de este artículo se establece como derecho del ciudadano votar en las elecciones populares. La segunda dispone que el ciudadano tenga derecho a ser votado para todos los cargos de elección popular, ya sea a través de un partido político o una candidatura independiente. La tercera fracción constituye el derecho a asociarse individual y libremente para tomar parte en los asuntos políticos, en tanto la fracción séptima establece el derecho de iniciar nuevas leyes y la octava el de votar en las consultas populares. CPEUM

Artículo 36. De forma correlativa, en las fracciones III y V se establecen como obligaciones del ciudadano el votar en las elecciones y en las consultas populares, así como desempeñar las funciones electorales. CPEUM

Artículo 7 LEGIPE. Respecto de los derechos y obligaciones de la ciudadanía, ordena que:

- Votar en las elecciones constituye un derecho y una obligación que se ejerce para integrar órganos del Estado de elección popular. También es derecho de los ciudadanos y obligación para los partidos políticos la igualdad de oportunidades y la paridad entre hombres y mujeres para tener acceso a cargos de elección popular.
- El voto es universal, libre, secreto, directo, personal e intransferible. Quedan prohibidos los actos que generen presión o coacción a los electores.

• Es derecho de los ciudadanos ser votado para todos los puestos de elección popular, teniendo las cualidades que establece la ley de la materia, y solicitar su registro de manera independiente, cuando cumplan los requisitos, condiciones y términos que determine esta ley.

1.1 Activo

El texto de la Constitución mexicana (artículos 41, 116 y 122), el sufragio debe reunir los atributos de universalidad, libertad, secrecía y ser directo, pues la democracia representativa. (Cuadernos para el debate p. 14 Voto nulo).

La práctica del voto nulo (y del voto en blanco) es uno de los desafíos de los sistemas democráticos, pues el ejercicio del sufragio constituye una de las manifestaciones de la ciudadanía. Podríamos decir que es el acto cívico a través del cual cada elector expresa su sentimiento de pertenencia a la colectividad, ejerce un derecho y cumple un deber que le impone su condición de ciudadano. (Cuadernos para el debate 03 Voto Nulo p. 9).

Frente a ella algunos teóricos colocan a la "abstención activa" o "abstención participante", que es la participación electoral sin dar el voto a ninguna de las candidaturas a elegir,1 y que se expresa en la emisión de un voto de protesta. (Cuadernos para el debate 03 Voto Nulo p. 9).

La existencia de este tipo de voto se justifica (a pesar de que se contrapone a la concepción tradicional según la cual el sufragio está destinado a que el elector elija a sus gobernantes o representantes) debido a la necesidad de garantizar el ejercicio de la libre expresión del ciudadano.2 Así pues, el voto nulo intencional y su especie, el voto en blanco, tienen su razón de existir en el respeto al derecho al sufragio y

22

en la libertad de expresión de los electores. (Cuadernos para el debate 03 Voto Nulo p. 9).

5 Cfr. Lorenzo Meyer, "Agenda ciudadana/El voto nulo o consecuencias de la inconsecuencia", en *Reforma*, 2 de julio de 2009; el autor añade que: "Entre las razones más inmediatas y concretas del descontento prevalente está el sistema electoral. Las encuestas de opinión muestran que una mayoría de ciudadanos ve al sistema de partidos como un conjunto de organismos no confiables ni respetables". En el mismo sentido, Eduardo Huchim afirma que "[…] si les queda algo de convicciones democráticas y de sentido común, las oligarquías partidarias deben estar muy preocupadas por el hartazgo perceptible en grandes segmentos de la sociedad mexicana, debido a la dislocación existente entre los partidos políticos y los intereses y esperanzas de los ciudadanos […] esas oligarquías están produciendo desencanto y decepción con la democracia. Una democracia que los partidos –todos– han distorsionado y degradado antes de consolidarla. Y sus militantes que llegan al servicio público han sido incapaces de contener la corrupción y, peor aún, muchos se han convertido en sus practicantes". Cfr. Huchim, Eduardo, "Los bueyes como razón", en *Reforma*, 9 de junio de 2009. En cuadernos para el debate, 03 voto nulo.

Tabla comparativa de resultados en las elecciones federales 1991-2009[9]

Año	Lista nominal	Votos emitidos	Votos nulos	% Votos nulos	Votos por candidatos no registrados
1991	36,675,367	24,032,482	1,160,050	4.83	13,897
1994	45,729,057	34,686,916	1,121,006	3.23	47,749
1997	52,208,966	29,771,911	844,762	2.84	13,811
2000	58,782,737	37,165,393	862,885	2.32	27,526
2003	64,710,596	26,651,645	896,649	3.36	16,359
2006	71,374,373	41,195,198	1,033,665	2.51	128,347
2009	71,374,373	34,560,344	1,867,729	5.4	56,417

Figura 4. (Cuadernos para el debate 03. Voto nulo, p. 12) Cfr. Sistema de Consulta de la Estadística de las Elecciones Federales y Atlas de Resultados Electorales Federales 1991-2009, México, IFE, http://www.ife.org.mx/documentos/RESELEC/SICEE F/principal.html; cfr. Alejandro Moreno, "Voto nulo en números", en *Reforma*, 7 de junio de 2009.

Cuadro 2. Tasas de participación históricas (2000-2015)18

Proceso Electoral Federal	Participación Nacional
2000	63.23%
2003	41.19%
2006	57.72%
2009	44.61%
2012	62.66%
2015	47.73%

Instituto Nacional Electoral, Atlas de Resultados Electorales 1991-2012. Información disponible en: http://www2.ine.mx/archivos3/ portal/historico/contenido/HRE_2001-2012/ [consulta: 01-04-2016]. Instituto Nacional Electoral, Bases de datos de Cómputos Distritales: Elección de Diputados Federales 2015, *op. cit.*

En el siguiente cuadro se muestran los perfiles de quienes tuvieron mayor y menor participación en las jornadas electorales de 2009 y 2012.

	Mayor participación electoral	**Menor participación electoral**
Sexo	Mujeres	Hombres
Edad	Electoras de entre 40 y 79 años	Electores de entre 20 y 39 años y ciudadanos de más de 80 años
Tipo de sección	Población rural, en particular en el rango de edad entre 50 y 69 años	Población urbana y mixta, en particular en el rango de edad entre 20 y 39 años

Instituto Federal Electoral, Estudio Censal sobre la Participación Ciudadana en la Elección Federal de 2009, *op. cit.*, p. 137; IFE, Estudio Censal de la Participación Ciudadana en las Elecciones Federales de 2012, *op. cit.*, p.132.

Se encontró que la variable que mayor impacto tiene sobre el voto es la identidad partidaria, es decir, identificarse con un partido incrementa la probabilidad de votar. (Estrategia de Difusión 2016 INE. P. 21)

Asimismo, 50% de las y los mexicanos percibe que la democracia es un sistema "donde muchos participan y pocos ganan", lo cual refleja una visión más bien pesimista respecto del funcionamiento de la democracia. (Estrategia p. 31)

En México se manifestó en las elecciones federales de 2009 como una opción de "abstención activa". Es necesario aclarar que, aunque en nuestro sistema legal el voto en blanco es considerado como voto nulo, en otros sistemas jurídicos se le da reconocimiento y un trato especial en la ley. (Cuadernos para el debate 03 Voto nulo, Alfaro)

1.2   Pasivo

Por cuento hace al sufragio pasivo, se entiende como: "[E]s el derecho individual a ser elegible y a presentarse como candidato en las elecciones para cargos públicos" (Aragón, 1998: 111). ('Tesauro p. 153); cuyo acceso no sólo es por medio de una Candidatura de Partido, sino también por las recientes incorporadas candidaturas independientes.

1.2.1   Candidatura Independiente

Las candidaturas independientes constituyen una vía de participación en la vida política alternativa a los partidos políticos, los cuales poseen el control principal de las postulaciones a los cargos públicos. (Curso reforma tercera edición TEPJF, Tema: Candidaturas Independientes)

Meses después, con la reforma constitucional de agosto de 2012, el tema de candidaturas independientes volvió a la agenda política jurídica y electoral en México. El poder Legislativo modificó el artículo 35 constitucional, reconociendo el derecho de postularse como candidato a cualquier cargo de elección popular a los ciudadanos que no cuenten con apoyo de un partido político, dejando a la ley secundaria la regulación detallada del ejercicio de ese derecho:

"Artículo 35. Son derechos del ciudadano:
(…)
II. Poder ser votado para todos los cargos de elección popular, teniendo las calidades que establezca la ley. El derecho de solicitar el registro de candidatos ante la autoridad electoral corresponde a los partidos políticos, **así como a los ciudadanos que soliciten su registro de manera independiente** y cumplan con los requisitos, condiciones y términos que determine la legislación.
(…)"

Ese reconocimiento constitucional del derecho ciudadano a ser candidato obligó a cambiar las reglas de los procesos electorales, para crear un nuevo marco legal que permitiera a los candidatos independientes competir en pie de igualdad con los candidatos de los partidos políticos [1], proceso de registro que comprende cuatro etapas. El Consejo General del INE emitirá las reglas de operación respectivas para la organización y desarrollo de la elección de CI (LEGIPE, artículo 360.2).

La primera etapa

Para ello, en la etapa inicial, el Consejo General del INE emitirá una convocatoria dirigida a los ciudadanos interesados en postularse como CI, señalando los cargos de elección popular a los que pueden aspirar, los requisitos que deben cumplir, la documentación comprobatoria requerida, los plazos para recabar el apoyo ciudadano correspondiente, los topes de gastos que pueden erogar y los formatos necesarios (LEGIPE, artículo 367.1).

La segunda etapa

En la segunda etapa, los aspirantes a CI deben manifestar ante el Consejo General del INE su interés en participar en el proceso de selección, utilizando para ello un formato determinado. Esa manifestación de la intención se puede realizar a partir del día siguiente al que se emita la convocatoria y hasta que dé inicio el periodo para recabar el apoyo ciudadano correspondiente, conforme a las siguientes reglas (LEGIPE, artículo 368.2):

- Los aspirantes al cargo de Presidente de los Estados Unidos Mexicanos, ante el Secretario Ejecutivo del Instituto;
- Los aspirantes al cargo de senador por el principio de mayoría relativa, ante el Vocal Ejecutivo de la Junta Local correspondiente, y
- Los aspirantes al cargo de diputado por el principio de mayoría relativa, ante el vocal ejecutivo de la junta distrital correspondiente.

El formato de intención debe estar acompañado por documentación que acredite la creación de una asociación civil, así como datos de una cuenta bancaria. A partir de ese momento es que los ciudadanos adquieren la calidad de aspirantes (LEGIPE, artículo 368.3 al 368.5).

La tercera etapa

A partir del día siguiente de la fecha en que obtengan la calidad de aspirantes, los CI podrán realizar actos tendentes a recabar el porcentaje de apoyo ciudadano requerido por medios diversos a la radio y la televisión, siempre que no constituyan actos anticipados de campaña (LEGIPE, artículo 369.1). Esta es la tercera etapa del proceso, en la cual los aspirantes deben conseguir firmas de apoyo a su candidatura, a través de reuniones públicas, asambleas, marchas y todas aquellas actividades dirigidas a la ciudadanía en general (LEGIPE, artículo 370.1). Durante esa etapa los aspirantes a CI no pueden realizar actos anticipados de campaña y tampoco contratar propaganda o cualquier otra forma de promoción personal en radio y televisión (LEGIPE, artículo 372.1 y 372.2).

En cuanto a la cantidad de firmas requerida, depende del cargo al que se pretenden postular y es la siguiente:

- Para la candidatura independiente de Presidente de la República se requiere el apoyo de 1% de la lista nominal de electores distribuidos en por lo menos 17 entidades federativas (LEGIPE, artículo 371.1).
- Para la candidatura independiente de senadores y/o diputados se requiere el apoyo del 2% de la lista nominal de electores correspondiente a la entidad federativa o del distrito, distribuidos en por lo menos la mitad de los distritos o secciones electorales (LEGIPE, artículo 371.2 y 371.3).

<u>**La cuarta etapa**</u>

La última etapa es la de registro de candidatos, en la cual los aspirantes deben presentar su solicitud ante el órgano del INE competente en cada caso. La solicitud debe ser presentada por escrito, y contener apellido paterno y materno, nombre completo y firma (o, en su caso, huella dactilar del solicitante); lugar y fecha de nacimiento; domicilio y tiempo de residencia en el mismo; ocupación; clave de la credencial para votar; cargo para el que se pretenda postular; designación del representante legal y domicilio para oír y recibir notificaciones, y designación de la persona encargada del manejo de los recursos financieros y de la rendición de informes correspondientes (LEGIPE, artículo 383.1, incisos a y b).

En cuanto a los resultados de las elecciones de 2015, sólo un candidato independiente obtuvo la mayoría de votos en la elección federal. Éste fue Manuel Clouthier Carillo por el Distrito 05 Sinaloa, con 40,249 votos (42.3%).

En Nuevo León, el candidato independiente a Gobernador, Jaime Heliodoro Rodríguez Calderón "El Bronco" obtuvo el primer lugar con el 48.9%. En Jalisco, Pedro Kumamoto tiene el primer lugar de la votación con 51,478 votos (37.7%).

En las elecciones de ayuntamientos, tres candidatos independientes resultaron ganadores: en Guanajuato, José Alberto Méndez Pérez obtuvo la mayoría de votos con 7,315; en Michoacán, Alfonso Jesús Martínez Alcázar obtuvo el primer sitio con el 27.4% de la votación; y en Nuevo León, Cesar Adrián Valdés Martínez alcanzó el en primer puesto con el 41% de la votación (Micrositio especializado de candidaturas independientes del TEPJF).

Asimismo, en materia de asignación de cargos por representación proporcional, por primera vez se asignaron regidurías a una planilla de candidato independiente. Así a la de Lorena Canavati Von Borstel, que obtuvo el segundo lugar en la contienda por la presidencia municipal de San Pedro Garza García con el 17.4% de la votación, se le asignaron dos regidurías: a María del Carmen Elosúa González y Graciela Josefina Reyes Pérez, mediante la sentencia <u>SM-JDC-535/2015</u> que dicta que independientemente del sentido gramatical de los artículos 191, 270, 271 y 272 de la Ley Electoral local, las disposiciones en cuestión deben ser aplicadas de tal forma que se permita que tanto los partidos políticos como las candidaturas independientes puedan participar en la asignación de regidurías por el principio de representación proporcional. Esa decisión fue confirmada por la Sala Superior en la sentencia.

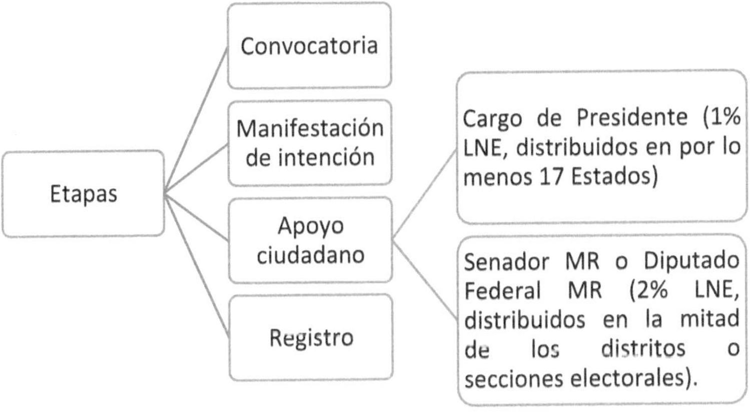

Figura 5. Etapas Candidatura Independiente

3. Consejero electoral.

Esta figura se fundamenta en la Ley General de Instituciones y Procedimientos Electorales, y puede ejercerse según el ámbito jurisdiccional del órgano, es decir, ante el Consejo General, Consejo Local o Consejo Distrital.

Artículo 65.

1. Los consejos locales funcionarán durante el proceso electoral federal y se integrarán con un consejero presidente designado por el Consejo General en los términos del artículo 44, párrafo 1, inciso f) de esta Ley, quien, en todo tiempo, fungirá a la vez como Vocal Ejecutivo; seis Consejeros Electorales, y representantes de los partidos políticos

nacionales. Los vocales de Organización Electoral, del Registro Federal de Electores y de Capacitación Electoral y Educación Cívica de la Junta Local concurrirán a sus sesiones con voz, pero sin voto.

2. El vocal secretario de la Junta, será secretario del consejo local y tendrá voz, pero no voto.

3. Los Consejeros Electorales serán designados conforme a lo dispuesto en el inciso h) del párrafo 1 del artículo 44 de esta Ley. Por cada Consejero Electoral propietario habrá un suplente. De producirse una ausencia definitiva, o en su caso, de incurrir el consejero propietario en dos inasistencias de manera consecutiva sin causa justificada, el suplente será llamado para que concurra a la siguiente sesión a rendir la protesta de ley. Las designaciones podrán ser impugnadas ante la Sala correspondiente del Tribunal Electoral, cuando no se reúna alguno de los requisitos señalados en el artículo siguiente.

Requisitos:

a) Ser mexicano por nacimiento que no adquiera otra nacionalidad y estar en pleno goce y ejercicio de sus derechos políticos y civiles, estar inscrito en el Registro Federal de Electores y contar con credencial para votar;
b) Tener residencia de dos años en la entidad federativa correspondiente;
c) Contar con conocimientos para el desempeño adecuado de sus funciones;
d) No haber sido registrado como candidato a cargo alguno de elección popular en los tres años inmediatos anteriores a la designación;

e) No ser o haber sido dirigente nacional, estatal o municipal de algún partido político en los tres años inmediatos anteriores a la designación, y

f) Gozar de buena reputación y no haber sido condenado por delito alguno, salvo que hubiese sido de carácter no intencional o imprudencial.

2. Los Consejeros Electorales serán designados para dos procesos electorales ordinarios pudiendo ser reelectos para un proceso más.

3. Para el desempeño de sus funciones tendrán derecho a disfrutar de las facilidades necesarias en sus trabajos o empleos habituales.

3. Los Consejeros Electorales recibirán la dieta de asistencia que para cada proceso electoral se determine. Estarán sujetos en lo conducente al régimen de responsabilidades administrativas previsto en el Libro Octavo de esta Ley y podrán ser sancionados por el Consejo General por la violación en que incurran a los principios rectores de la función electoral que establece la Constitución.

Artículo 38.

1. Los Consejeros Electorales deberán reunir los siguientes requisitos:

a) Ser ciudadano por nacimiento que no adquiera otra nacionalidad, además de estar en pleno goce y ejercicio de sus derechos civiles y políticos;

b) Estar inscrito en el Registro Federal de Electores y contar con credencial para votar;

c) Tener más de treinta años de edad, el día de la designación;

d) Poseer al día de la designación, con antigüedad mínima de cinco años, título profesional de nivel licenciatura y contar con los conocimientos y experiencia que les permitan el desempeño de sus funciones;

e) Gozar de buena reputación y no haber sido condenado por delito alguno, salvo que no hubiese sido doloso;

f) Haber residido en el país durante los últimos dos años, salvo el caso de ausencia en servicio de la República por un tiempo menor de seis meses;

g) No haber sido registrado como candidato, ni haber desempeñado cargo alguno de elección popular en los últimos cuatro años anteriores a la designación;

h) No desempeñar ni haber desempeñado cargo de dirección nacional o estatal en algún partido político en los últimos cuatro años anteriores a la designación;

i) No ser secretario de Estado, ni Fiscal General de la República o Procurador de Justicia de alguna entidad federativa, subsecretario u oficial mayor en la Administración Pública Federal o estatal, Jefe de Gobierno del Distrito Federal, ni Gobernador, ni secretario de Gobierno, a menos que se separe de su encargo con cuatro años de anticipación al día de su nombramiento, y

j) No ser ni haber sido miembro del Servicio Profesional Electoral, ni ser o haber sido miembro del Servicio Profesional Electoral Nacional durante el último proceso electoral federal ordinario.

Artículo 76.

1. Los consejos distritales funcionarán durante el proceso electoral federal y se integrarán con un consejero presidente designado por el Consejo General en los términos del artículo 44, párrafo 1, inciso f), quien, en todo tiempo, fungirá a la vez como Vocal Ejecutivo distrital; seis Consejeros Electorales, y representantes de los partidos políticos nacionales. Los vocales de Organización Electoral, del Registro Federal de Electores y de Capacitación Electoral y Educación Cívica de la junta distrital concurrirán a sus sesiones con voz pero sin voto.

2. El vocal secretario de la junta, será secretario del consejo distrital y tendrá voz pero no voto.

3. Los seis Consejeros Electorales serán designados por el consejo local correspondiente conforme a lo dispuesto en el inciso c) del párrafo 1 del artículo 68 de esta Ley. Por cada consejero electoral habrá un suplente. De producirse una ausencia definitiva o, en su caso, de incurrir el consejero propietario en dos inasistencias de manera consecutiva sin causa justificada, el suplente será llamado para que concurra a la siguiente sesión a rendir la protesta de ley. Las designaciones podrán ser impugnadas en los términos previstos en la ley de la materia, cuando no se reúna alguno de los requisitos señalados en el artículo siguiente.

Artículo 77.

1. Los Consejeros Electorales de los consejos distritales deberán satisfacer los mismos requisitos establecidos por el artículo 66 de esta Ley para los consejeros locales.

2. Los Consejeros Electorales serán designados para dos procesos electorales ordinarios pudiendo ser reelectos para uno más.

4. Para el desempeño de sus funciones tendrán derecho a disfrutar de las facilidades necesarias en sus trabajos o empleos habituales.

5. Los Consejeros Electorales recibirán la dieta de asistencia que para cada proceso electoral se determine. Estarán sujetos en lo conducente al régimen de responsabilidades administrativas previsto en el Libro Octavo de esta Ley y podrán ser sancionados por el Consejo General por la violación en que incurran a los principios rectores de la función electoral que establece la Constitución.

4.   Observador electoral.

Figura incorporada en la reforma electoral del año 2003, en la cual se permite a la ciudadanía observar todos los actos de cada etapa del Proceso Electoral, se ofrece la siguiente definición:

DEF: "La observación electoral suele definirse como la búsqueda sistemática de información sobre un proceso electoral, con el propósito de llegar a una adecuada evaluación del mismo sobre la base de la información recogida" (Boneo, 2000). "[L]a observación electoral es el conjunto de esfuerzos realizados por organizaciones gubernamentales, intergubernamentales o no gubernamentales, del país en el que se realiza una elección o de cualquier otro u otros que muestren interés, destinados a monitorear y evaluar el carácter y desarrollo de una elección" (Núñez Vargas, 2000b). (Tesauro part. 2 p. 9)

El **Artículo 8. LGIPE** señala en el párrafo 1 que es obligación de los ciudadanos integrar las mesas directivas de casilla. Asimismo, en el párrafo 2 se establece como derecho exclusivo de los ciudadanos participar como observadores de los actos de preparación y desarrollo de los procesos electorales federales y locales, así como en las consultas populares y demás formas de participación ciudadana que se realicen de conformidad con la legislación correspondiente, en la forma y términos que determine el Consejo General, y en los términos previstos en esta ley.

Por lo que concierne a los requisitos, sólo pueden ser observadores, los ciudadanos mexicanos con credencial de elector, que acrediten el cumplimiento de los requisitos del mencionado Acuerdo, presenten una solicitud escrita por sí mismos o a través de la organización de la que formen parte, ante el Consejero Presidente del Consejo Local o Distrital dónde se ubique su domicilio o de la organización a la que pertenezcan; debiendo acompañarla de dos fotografías del solicitante y anexar fotocopia de la credencial para votar con fotografía vigente y con el formato que para el efecto expida el propio Instituto.

En el mismo contenido de la solicitud, hacer la manifestación expresa de conducirse conforme a los principios de imparcialidad, objetividad, certeza, legalidad.

Asimismo, no ser ni haber sido miembro de dirigencias nacionales, estatales, distritales o municipales de organización o de partido político, o de agrupación política alguna y no ser ni haber sido candidato a puesto de elección popular federal y/o estatal, en ambos casos, en los últimos tres años anteriores a la elección.

Por último, asistir a los cursos de capacitación impartidos por el INE o las organizaciones a las que pertenezcan los observadores; cursos a los cuáles los

Consejeros Electorales estarán cordialmente invitados.

En este contexto, la participación de los Ciudadanos como observadores electorales se encuentra sujeta a una condición resolutoria del Consejo respectivo; para el caso de los Consejos Locales, en el artículo 68, párrafo 1, inciso e); y para los Consejos Distritales, en el artículo 79, párrafo 1, inciso g); ambas atribuciones de la Ley General de Instituciones y Procedimientos Electorales; el plazo para las acreditaciones fenece hasta el 30 de abril del año de la elección.

Una vez acreditados, los observadores electorales pueden observar en cualquier parte de la República Mexicana y en cualquier casilla, los actos relativos a la preparación de la elección; en la Jornada Electoral, podrán observar actos relativos a la instalación de casilla, desarrollo de la votación, escrutinio y cómputo de la votación en las mesas directivas de casilla, o cualquier otra forma de participación ciudadana, fijación de resultados de la votación en el exterior del inmueble en el que se instalen las mesas directivas de casilla, clausura de las mismas, lectura en voz alta de los resultados en la sede del Consejo Distrital.

Cabe señalar, de conformidad con el artículo 217, numeral 1, inciso e) de la Ley, los observadores se abstendrán de: sustituir u obstaculizar a las autoridades electorales en el ejercicio de sus funciones, e interferir en el desarrollo de las mismas; hacer proselitismo de cualquier tipo o manifestarse en favor de partido o candidato alguno; externar cualquier expresión de ofensa, difamación o calumnia en contra de las instituciones, autoridades electorales, partidos políticos o candidatos; declarar el triunfo de partido político o candidato alguno; declarar tendencias sobre la votación antes y después de la Jornada Electoral; portar o utilizar emblemas, distintivos, escudos o cualquier otra imagen relacionada con partidos políticos, candidatos o posturas políticas o ideológicas relacionadas con la elección federal.

5.   Funcionario de MDC.

Artículo 36. De forma correlativa, en las fracciones III y V se establecen como obligaciones del ciudadano el votar en las elecciones y en las consultas populares, así como desempeñar las funciones electorales. CPEUM

Artículo 81.
1. Las mesas directivas de casilla por mandato constitucional, son los órganos electorales formados por ciudadanos, facultados para recibir la votación y realizar el escrutinio y cómputo en cada una de las secciones electorales en que se dividan los 300 distritos electorales y las demarcaciones electorales de las entidades de la República.
2. Las mesas directivas de casilla como autoridad electoral tienen a su cargo, durante la jornada electoral, respetar y hacer respetar la libre emisión y efectividad del sufragio, garantizar el secreto del voto y asegurar la autenticidad del escrutinio y cómputo.

3. En cada sección electoral se instalará una casilla para recibir la votación el día de la jornada electoral, con excepción de lo dispuesto en los párrafos 4, 5 y 6 del artículo 253 de esta Ley.

Artículo 82. LGIPE

1. Las mesas directivas de casilla se integrarán con un presidente, un secretario, dos escrutadores, y tres suplentes generales. En los procesos electorales en los que se celebre una o varias consultas populares, se designará un escrutador adicional quien será el responsable de realizar el escrutinio y cómputo de la votación que se emita en dichas consultas

Artículo 83.

1. Para ser integrante de mesa directiva de casilla se requiere:

a) Ser ciudadano mexicano por nacimiento que no adquiera otra nacionalidad y ser residente en la sección electoral que comprenda a la casilla;

b) Estar inscrito en el Registro Federal de Electores;

c) Contar con credencial para votar;

d) Estar en ejercicio de sus derechos políticos;

e) Tener un modo honesto de vivir;

f) Haber participado en el curso de capacitación electoral impartido por la junta distrital ejecutiva correspondiente;

g) No ser servidor público de confianza con mando superior, ni tener cargo de dirección partidista de cualquier jerarquía, y

h) Saber leer y escribir y no tener más de 70 años al día de la elección.

Artículo 84.

1. Son atribuciones de los integrantes de las mesas directivas de casilla:

a) Instalar y clausurar la casilla en los términos de este esta Ley;

b) Recibir la votación;

c) Efectuar el escrutinio y cómputo de la votación;

d) Permanecer en la casilla desde su instalación hasta su clausura, y

e) Las demás que les confieran esta Ley y disposiciones relativas.

D) MCP en el ámbito político

Por política se entiende: "C]conjunto de actividades que de alguna manera tienen como término de referencia la polis, es decir, el estado. De esta actividad la polis a veces es el sujeto, por lo cual pertenecen a la esfera de la política actos como el ordenar (o prohibir) algo con efectos vinculantes para todos los miembros de un determinado grupo social, el ejercicio de un dominio exclusivo sobre un determinado territorio, el legislar con normas válidas erga omnes, la extracción y la distribución de recursos de un sector al otro de la sociedad, etc.; a veces es objeto, por lo cual pertenecen a la esfera de la política acciones como conquistar, mantener, ampliar, reforzar, abatir, transformar el poder estatal, etc." (Bobbio, 1991b: 1215). (p. 57 tesauro part. 2)

En los regímenes de mayor estabilidad democrática no sólo hay cauces continuos que aseguran al menos la opinión de los ciudadanos sobre las decisiones tomadas por el gobierno, sino múltiples mecanismos institucionales para evitar que los representantes electos caigan en la tentación de obedecer exclusivamente los mandatos imperativos de sus partidos. Son modalidades de participación directa en la toma de decisiones políticas que hacen posible una suerte de consulta constante a la población, más allá de los procesos electorales. Los mecanismos más conocidos son el *referéndum,* cuando se trata de preguntar sobre ciertas decisiones que podrían modificar la dinámica del gobierno, o las relaciones del régimen con la sociedad; y el *plebiscito,* que propone a la sociedad la elección entre dos posibles alternativas. Ninguno de esos instrumentos supone una elección de representantes, sino de decisiones. Pero ambos funcionan con la misma amplitud que 105 procesos electorales, en tanto que pretenden abarcar a todas las personas que se verán afectadas por la alternativa en cuestión. La *iniciativa popular y* el *derecho de petición,* por su parte, abren la posibilidad de que los ciudadanos organizados participen directamente en el proceso legislativo y en la forma de actuación de los poderes ejecutivos. Ambas formas constituyen, también, una especie de seguro en contra de la tendencia a la exclusión partidista y parten, en consecuencia, de un supuesto básico: si los representantes políticos no desempeñan su labor con suficiente amplitud, los ciudadanos pueden participar en las tareas legislativas de manera directa.

El mismo principio explica el llamado *derecho de revocación del mandato* o de *reclamación,* que asegura la posibilidad de interrumpir el mandato otorgado aun determinado representante político, aunque haya ganado su puesto en elecciones legítimas, o bien modificar el curso de una decisión previamente tomada por el gobierno. Finalmente, hay que agregar los procedimientos de *audiencia pública,* el *derecho a la información,* la *consulta popular* y la organización de *cabildos abiertos* –para el caso del gobierno municipal-, como métodos instaurados en ciertos regímenes para mantener los conductos de comunicación entre gobierno y sociedad, permanentemente abiertos. **(Cuadernillo 19 participación ciudadana p. 21)**

El conjunto de elementos que configuran la percepción subjetiva que tiene una población respecto del poder, se denomina *cultura política*. (Peschard, Cultura política democrática, p. 9)

3) la cultura política *participativa*, en la que los ciudadanos tienen conciencia del sistema político nacional y están interesados en la forma como opera. En ella, consideran que pueden contribuir con el sistema y que tienen capacidad para influir en la formulación de las políticas públicas. (Peschard, Cultura política democrática, p. 21)

Artículo 35. En la primera fracción de este artículo se establece como derecho del ciudadano votar en las elecciones populares. La segunda dispone que el ciudadano tenga derecho a ser votado para todos los cargos de elección popular, ya sea a través de un partido político o una candidatura independiente. La tercera fracción constituye el derecho a asociarse individual y libremente para tomar parte en los asuntos políticos, en tanto la fracción séptima establece el derecho de iniciar nuevas leyes y la octava el de votar en las consultas populares.

1. Consulta popular

Es derecho y obligación de los ciudadanos votar en las consultas populares sobre temas de trascendencia nacional, en los términos que determine la ley de la materia y en los procesos de participación ciudadana que estén previstos en la legislación correspondiente. Art. 7 último párrafo LGIPE.

El artículo 35 constitucional, fracciones VII y VIII, a partir de su reforma en 2012, reconoce como derechos ciudadanos el de iniciar leyes y votar en las consultas populares sobre temas de trascendencia nacional.

En ese sentido, en la actualidad, la Constitución establece ciertas reglas básicas respecto de las consultas populares, que podrán ser convocadas por el Presidente de la República, el 33% de los integrantes del Senado o de la Cámara de Diputados (aunque en esos casos se requiere la aprobación de ambas Cámaras), o el 2% de los ciudadanos inscritos en la lista nominal de electores. La organización de las consultas estará a cargo del Instituto Nacional Electoral (INE) y se deberán llevar a cabo el mismo día de la jornada electoral federal. Sus resultados serán vinculatorios cuando la participación ciudadana sea mayor al 40% de los ciudadanos inscritos en la lista nominal de electores (CPEUM, artículo 35, fracción VIII).

Es importante señalar que la misma Constitución establece temas que no pueden ser objeto de consulta: los derechos humanos; los principios democráticos; la materia electoral; los ingresos y gastos del Estado; la seguridad nacional y la organización, funcionamiento y disciplina de la Fuerza Armada. La Suprema Corte de Justicia de la Nación (SCJN) será la encargada de determinar si un tema en particular puede ser sometido a consulta popular (CPEUM, artículo 35, fracción VIII). CURSO TEPJF

2.   Iniciativa ciudadana

La iniciativa popular es el procedimiento que permite a los votantes proponer una modificación legislativa o una enmienda constitucional, al formular peticiones que tienen que satisfacer requisitos predeterminados. El referéndum somete una ley propuesta o existente a la aprobación o al rechazo de los ciudadanos; en algunos casos el veredicto popular conlleva una noción de obligatoriedad y en otros tiene fines consultivos. El referéndum popular o de petición es aquel en el cual hay que someter una nueva ley o enmienda constitucional al electorado, como parte del mecanismo de ratificación. Finalmente, la revocación de mandato permite a los votantes separar a un representante de su cargo mediante una petición que debe satisfacer ciertos requisitos; se distingue del proceso de *impeachment*, que se trata únicamente de un juicio político sin implicaciones legales.15 (Consulta popular y democracia directa. P. 15)

- **Iniciativa legislativa.** Es un mecanismo mediante el cual los ciudadanos pueden organizarse y presentar un asunto en particular ante el órgano legislativo. Usualmente se requiere presentar cierto número de firmas de apoyo a la iniciativa, que después es debatida y puede ser aceptada o rechazada por el Congreso. (Información obtenida del curso reforma Política Electoral impartido por el TEPJF)

- La iniciativa ciudadana está reconocida por el artículo 35 de la CPEUM y regulada en la Ley Orgánica del Congreso General (LOCG). De acuerdo a esas normas, pueden presentarla los ciudadanos en un número equivalente a cuando menos 0.13% (cero punto trece por ciento) de la lista nominal de electores (LOCG, artículo 130.1), podrá versar sobre cualquier materia y comprender uno o más ordenamientos cuando exista conexidad en los temas (LOCG, artículo 130.2). (Información obtenida del curso reforma Política Electoral impartido por el TEPJF)

3.   Referéndum

REFERENDOS DEF: "Institución política mediante la cual el pueblo, el cuerpo electoral opina sobre, aprueba o rechaza una decisión de sus representantes elegidos para asambleas constituyentes o legislativas" (García Laguardia, 2000). (Tesauro part. 2 IFE p 92) El referéndum implica la participación del pueblo en el proceso legislativo, por medio de la consulta directa. Y la iniciativa popular es una subcategoría del referéndum, en la cual la propuesta sometida a votación tiene su origen en el electorado: (Consulta popular y democracia directa, p. 15)

Referéndum (consulta popular). Es un procedimiento mediante el cual los ciudadanos votan sobre un asunto específico relacionado con adopción de una política pública, ley o reforma constitucional. El referéndum puede ser obligatorio para que una ley o reforma sea aprobada, o puede ser convocado por las autoridades para reforzar la legitimidad de ciertas decisiones. Por ejemplo, algunos de los países miembros de la Unión Europea (UE) requerían de la aprobación en un referéndum de la Constitución Europea que modificaba esencialmente la estructura de la UE. Los ciudadanos de Francia y Holanda rechazaron el tratado, lo que provocó una crisis institucional europea. (Curso TEPJF)

4. Plebiscito

PLEBISCITOS DEF: Pronunciamiento del cuerpo electoral mediante una votación, en relación con una decisión de política pública, a un acto o medida de gobierno (en particular, cuestiones de carácter territorial o asuntos relativos a la forma de gobierno) (Aragón y López, 2000a).

5. Revocación de mandato.

REVOCACIÓN DE MANDATO DEF: Procedimiento a través del que los electores pueden destituir al titular de un cargo público, con anterioridad a la expiración de período para el que fue elegido (Aragón y López, 2000b). (Tesauro part. 2 p 119)

- *Quién lo organiza*. La legislación debe establecer qué autoridad será la encargada de verificar la viabilidad del procedimiento, organizar la votación y procesar los resultados. En el caso de la iniciativa popular, el mismo Poder Legislativo puede verificar el número de firmas y dar cauce a la iniciativa.

- *Cuáles son sus efectos*. Una vez que se puso en marcha un mecanismo de participación ciudadana, puede tener dos tipos de efectos:

  a) Vinculantes. Los gobernantes quedan obligados a acatar el resultado del ejercicio. Por ejemplo, si la mayoría vota por "No", a través de una consulta popular para construir una carretera, el gobierno no la construirá.

b) No vinculantes. Dependiendo de la legislación, los resultados del ejercicio pueden no tener efectos obligatorios sobre las autoridades. Por ejemplo, si la población vota por no modificar la ley para permitir a las parejas del mismo sexo casarse, pero el referéndum no es vinculante, el Congreso puede ignorar el resultado.

En cuanto a la iniciativa legislativa o popular, ese mecanismo usualmente está sujeto a cumplimiento de ciertos requisitos, como el número de firmas de apoyo requerido, el tiempo durante el cual se puede buscar ese apoyo, o las restricciones de los temas a los que se puede referir. Como el legislativo no tiene la obligación de aprobar la iniciativa, sino solamente discutirla, la figura de iniciativa popular reduce la influencia ciudadana a poner ciertos temas en la agenda legislativa. Por supuesto, requisitos más flexibles como: menor cantidad de firmas requeridas, mayor plazo para conseguirlas y la participación de la representación de los ciudadanos en el proceso legislativo, aumentan la posibilidad de éxito de esas iniciativas. (Información obtenida del curso Reforma Electoral del TEPJF).

Mecanismos de democracia directa en las entidades federativas					
Estado	**Referéndum**	**Plebiscito**	**Iniciativa popular**	**Revocación de mandato**	**Consulta popular**
Aguascalientes	X[1]	X	X		
Baja California	X	X	X		X
Baja California Sur	X	X	X		
Campeche	X[5]	X[5]			
Coahuila[6]	X	X	X[2]		X
Chiapas					
Chihuahua	X	X[3]			
Distrito Federal	X	X	X		X
Durango	X	X	X[1]		X
Estado de México	X				X
Guanajuato	X	X	X		
Guerrero	X	X	X		X
Hidalgo			X		X
Jalisco	X	X	X		
Michoacán	X	X	X		
Morelos	X	X	X	X	
Nayarit	X	X	X		
Nuevo León					
Oaxaca[6]	X	X		X	
Puebla	X	X			
Querétaro	X	X	X		
Quintana Roo	X[1]	X	X[1]		
San Luis Potosí	X	X			
Sinaloa	X	X	X[2]		
Sonora	X	X	X		X
Tabasco	X	X	X[1]		
Tamaulipas	X[3]	X	X		X
Tlaxcala[6]	X[5]	X[5]	X[5]		X[5]
Veracruz	X[5]	X[5]	X[5]		
Yucatán	X[1]	X[1]	X[1]		
Zacatecas	X	X	X	X[5]	

[1] Se requiere un porcentaje de firmas superior al 1% del padrón electoral local.
[2] No se especifica un porcentaje mínimo de firmas para su procedencia.
[3] Los resultados no tiene carácter vinculatorio.
[4] No se especifica los requisitos para que los resultados sean vinculatorios.
[5] Se reconoce a nivel constitucional pero falta regulación en la legislación secundaria
[6] Existen mecanismos de democracia directa adicionales.

Figura 6. MPC Políticos a nivel local (Imagen obtenida del curso Reforma Electoral del TEPJF).

6. Otras formas.

De manera adicional, se observa que la ciudadanía puede participar en los temas de interés pública, mediante otros mecanismos; tenemos así la apertura de la Sociedad Civil, por medio de las asociaciones civiles, las organizaciones no gubernamentales, a través de la actividad jurisdiccional y actividades comunitarias.

La **vida comunitaria** puede entenderse como aquel estado en el cual una pluralidad de individuos se involucra en esfuerzos colectivos, ya sea participando en reuniones o a través de juntas vecinales, para solucionar problemas públicos tales como la seguridad, el mejoramiento de las vías públicas, la preservación de espacios comunes, etcétera.38 En este contexto, es particularmente revelador de la debilidad de la vida comunitaria en México, el hecho de que 46% de las y los mexicanos nunca ha pertenecido a grupos o asociaciones (gráfica 7). Semejante situación excluye a un amplio segmento de la población de la posibilidad no sólo de resolver problemas comunes, sino de acceder a bienes y recursos. (Estrategia de difusión 2016 INE. p 29)

Conclusión

El Estado Mexicano, se encuentra consolidado en su forma de estado y de gobierno, el sistema jurídico y político ofrece un amplio margen de actividad e inclusión tanto en el ámbito electoral, como en la influencia para la toma de decisiones de gobierno.

En la práctica, corresponde a la ciudadanía, informarse para ejercer esos derechos y exigir su eficacia y conocimiento, la apatía, la ignorancia y la crítica destructiva, únicamente entorpecen el desarrollo de la sociedad, vale más participar activamente por los diversos mecanismos de participación, incluso para hacer valer esas críticas.

www.ingramcontent.com/pod-product-compliance
Lightning Source LLC
Chambersburg PA
CBHW051124250726
48655CB00007B/2875